www.ingramcontent.com/pod-product-compliance
Lightning Source LLC
Chambersburg PA
CBHW030944240526
45463CB00016B/1956
* 9 7 8 1 6 5 4 1 8 0 4 1 6 *